知りたい！ カーボンニュートラル

脱炭素社会のためにできること

① ここまできている！ 地球温暖化

監修 **藤野純一**

公益財団法人地球環境戦略研究機関
サステイナビリティ統合センター
プログラムディレクター

あかね書房

もくじ

知りたい！ カーボンニュートラル
脱炭素社会のためにできること

1巻／ここまできている！ 地球温暖化

第1章 地球温暖化ってなに？

第2章 地球温暖化でなにが起こるの？

ちきゅうおんだんか

この本の使いかた

『知りたい！ カーボンニュートラル』は、日本が 2050 年に達成をめざしているカーボンニュートラルを
テーマに、地球温暖化のしくみや気候変動の影響、世界や日本の取り組みを知るとともに、わたしたちに
できることを見つけ、考えるためのシリーズです。

知りたい！ カーボンニュートラル ～脱炭素社会のためにできること～

1巻

ここまできている！
地球温暖化

地球温暖化のしくみと、地球温暖化
によって起きている・これから起こるさま
ざまな影響を紹介しています。

🔑 キーワード

(#地球温暖化) (#温室効果ガス)
(#二酸化炭素（CO2）) (#化石燃料)
(#気候変動) (#海面上昇)

カーボンニュートラルって？

地球温暖化をふせぐために、人間が排出した二酸
化炭素（CO2、カーボン・ダイオキサイド）などの温
室効果ガスの量と、木を植えるなどして吸収したり、
取りのぞいたりした温室効果ガスの量を同じ（ニュー
トラル）にすることだよ。くわしくは 2 巻を見てね！

2巻

これからどうする？
日本と世界の取り組み

2015年に採択されたパリ協定の内容や、カーボン
ニュートラルのくわしい解説、世界や日本の具体的
な取り組みについて紹介しています。

🔑 キーワード

(#カーボンニュートラル) (#パリ協定)
(#再生可能エネルギー) (#電気自動車)
(#緩和と適応)

3巻

学校や家庭でできること
どう買う？ どう使う？

温室効果ガスを減らすために知っておきたい「カーボン
フットプリント」という考えかたや、わたしたちが買うとき、
使うときにできる具体的な取り組みを紹介しています。

🔑 キーワード

(#カーボンフットプリント) (#省エネ) (#節電)
(#消費) (#環境ラベル) (#シェアリング)

4巻

学校や家庭でできること
どう捨てる？ どう行動する？

温室効果ガスを減らすために、わたしたちが捨てるときにでき
る具体的な取り組みや、家庭や学校で実践するときのポイン
ト、社会を変えるためになにができるかを紹介しています。

🔑 キーワード

(#ごみ) (#リサイクル) (#プラスチック)
(#ESG) (#SDGs) (#ボランティア)

1 巻を読むことで、
なぜ世界がカーボンニュートラルの実現を
めざしているのかがわかるよ。
1 巻を読んだうえで、2 巻を読んでみてね。
そのあと 3 巻や 4 巻を読んで、
具体的な行動につなげよう！

1巻の使いかた

第1章「地球温暖化ってなに?」

地球温暖化とはなにか、なにが原因で起こっているのかを、温室効果ガスやCO₂、化石燃料、産業革命などのキーワードとともに解説しています。

第2章「地球温暖化でなにが起こるの?」

地球温暖化によって起こる気候変動の影響について、いま起こっていること、将来起こるかもしれないことを紹介するとともに、それがどうして起こるのかを解説しています。

タイトル

どうして?
その見開きのテーマとなる気候変動について、なぜそれが起こるのか、しくみなどを紹介しています。

観測
過去やいまの時点で、すでに起こった現象やデータを紹介しています。

予測
今後、地球温暖化によって気温が上がったときに起こることを紹介しています。とくに出典をしめしていないものは、IPCC（気候変動に関する政府間パネル、→2巻）が2021〜2022年にかけて発表した第6次評価報告書をもとにしています。

こんな影響
その見開きのテーマとなる気候変動について、人や生き物、環境などにあたえる影響を紹介しています。

日本では…
その見開きのテーマとなる気候変動について、日本ではどんなことが起こっているか、予測されているかを解説しています。

+○℃
IPCCの第6次評価報告書などによる予測において、産業革命前の気温（1850〜1900年の平均気温）とくらべて何度上昇した場合かをしめしています。

表記やデータについて

● 言葉のあとに「→P.○」や「→○巻」とある場合は、そのページや巻に言葉のくわしい解説があることをしめしています。
● グラフや表では、内訳をたし合わせても合計と一致しないことがあります。これは、数値を四捨五入したことによるものです。

はじめに

　いまから約２００年前の１９世紀初め、フランスの科学者ジョゼフ・フーリエは、「温室効果（地球の表面で反射された太陽光の一部が大気中の物質に吸収され、地表や地表付近の大気をさらにあたためる現象、→P.10)」を発見しました。１８５９年、アイルランドの科学者ジョン・ティンダルは、水蒸気・二酸化炭素（CO_2）・メタンがおもな温室効果ガスであることをつきとめ、温室効果ガスを大気に排出すると地球の気候を変えるかもしれないと発表しました。当時の日本は江戸時代、世界ではイギリスで産業革命がはじまったころで、人間の活動が地球温暖化を引き起こす前のことでした。

　そして２０２１年、世界の科学者１３００名以上が協力して作成したIPCC（気候変動に関する政府間パネル）の第６次評価報告書によると、地球の平均気温は産業革命からすでに約１.１℃上がっていること、「人間の影響が大気、海洋および陸域を温暖化させてきたことにはうたがう余地がない」ことなどが明らかになりました。２０２１年１１月にイギリスのグラスゴーで開催された「国連気候変動枠組条約 第２６回締約国会議（COP26）」では、世界のリーダーたちが気温の上昇を産業革命から１.５℃（つまり、いまからあと０.４℃！）までにおさえることで合意し、２０５０年までに温室効果ガスの排出量を実質ゼロ（カーボンニュートラル）にすることを共通の目標にしました。それはIPCCによる「地球の平均気温を産業革命から２℃上昇させてしまうと、『将来世代』に深刻な影響をあたえる可能性が高いが、１.５℃の上昇におさえればその影響をもっと下げることができる」という指摘を重く受けとめたからです。

　「将来世代」とは、だれのことでしょうか？　それは、この本を手に取っているみなさんのことであり、そしてその次の、さらにその先の世代のことです。１巻では、地球温暖化のしくみと、気候変動によって起きている・これから起こるさまざまな影響を解説しています。この本を通じて、みなさんが地球温暖化や気候変動についての基本的な知識を得るとともに、みなさんのまわりの人（とくに大人）たちの取り組みを冷静に分析し、未来に向けてよりよい活動ができるような「ものさし」を手に入れるきっかけになったら、望外のよろこびです。

　さぁ、いっしょに、カーボンニュートラルに向けた旅に出発しましょう！

監修／藤野純一

公益財団法人 地球環境戦略研究機関
サステイナビリティ統合センター
プログラムディレクター

第1章

地球温暖化ってなに？

ニュースや教科書などに出てくる「地球温暖化」や
「気候変動」、「異常気象」などのことば。
なんだかむずかしそうで、「自分には関係ないだろう」、
「気温がちょっと上がるだけでしょ」って思っている？
じつは、地球温暖化は人のくらしや自然を根本から変えてしまうような、
とても重大な問題なんだ。しかも地球温暖化の影響を
大きく受けることになるのは、キミや、これから生まれてくる将来の世代だよ。
むずかしそうなことや、いやなことは、なるべく後まわしにしたいよね。
大人のなかにも、そういう人たちはいるよ。
でも、このまま後まわしにしていたら、
地球に取り返しがつかないほど大きな変化が起こってしまう。
まずは地球温暖化とはなにか、どうして起こったのかを知ろう！

地球があたたかくなっているってほんと？

いままでより気温の上がりかたがはげしい

気温の大きな変化自体は、地球は何度も経験しているよ。いまの気温の上昇が注目されているのは、気温が上がる速さが、昔とくらべものにならないほど速いからなんだ。

約258万年前からいままで、地球には約10万年ごとに「氷期」とよばれる寒い時期がやってきた。氷期と氷期のあいだは「間氷期」とよばれる比較的あたたかい時期となる。この気温の変化は、地球への太陽の光の当たりかたが変わることで起こると考えられている。

● 過去80万年間の南極の気温の変化

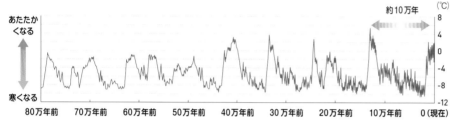

あたたかくなる／寒くなる

推定気温（℃）
約10万年

80万年前　70万年前　60万年前　50万年前　40万年前　30万年前　20万年前　10万年前　0（現在）

出典：Jouzel et al. (2007) "Orbital and Millennial Antarctic Climate Variability over the Past 800,000 Years." のデータをもとに作成した国立環境研究所 地球環境研究センター「南極の気温推定値」をもとに作成

● 1〜2020年の世界の平均気温の変化

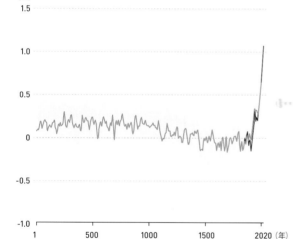

（℃）
1.5
1.0
0.5
0
-0.5
-1.0
1　500　1000　1500　2020（年）

出典：IPCC Sixth Assessment Report WG 1 Figure SPM.1 をもとに作成

2万1000年前から約1万年

約1万年で4〜7℃気温が上がった
⇒ 100年あたり0.04〜0.07℃上昇

1850〜2020年

170年で1.09℃気温が上がった
⇒ 100年あたり0.64℃上昇

「なんだ、たった1℃か」って思ったけれど、この2000年間の歴史からみると、とても大きな変化みたい！

日本では…

世界の平均より気温が上がっている

平均気温は日本でも上がっていて、世界の平均よりも気温の上がりかたがはげしいよ。1日の最高気温が35℃をこえる猛暑日は、100年前の3倍にまで増えた。2018年には埼玉県熊谷市で、2020年には静岡県浜松市で、観測史上最高気温の41.1℃を記録したよ。

気温
1898年以降、100年あたり
約1.30℃上がった

猛暑日
この100年ほどで
約3.5倍に増えた

出典：気温…気象庁ホームページ「日本の年平均気温偏差の経年変化（1898〜2022年）」、猛暑日…気象庁ホームページ「全国（13地点平均）の猛暑日の年間日数」*1993〜2022年と1910〜1939年の平均年間日数の比較

地球の平均気温が
いままでにない速さで上がっている！

2020年の地球の平均気温は、1850～1900年とくらべて約1.1℃上がったよ。このように地球の平均気温が上がることを、地球温暖化というんだ。

地球が約46億年前に誕生してから、地球の平均気温は気候の自然な変化によって上がったり、下がったりしてきた。前に地球が温暖化したときは、1万年で4～7℃のペースだったんだって。ところが、いまはその10倍ほどの速さで気温が上がっている。地球がいままで経験したことのない、とても急な変化なんだ。

世界各地で異常な暑さが観測されている

2011～2020年の10年間の世界の平均気温は、1891年に統計を取りはじめてからもっとも暑かったよ。このうち2016年、2019年、2020年はとくに気温が高く、世界各地で異常な暑さや、乾燥による山火事、干ばつなどが起こったんだ。

1位
2016年
+1.32℃

3位
2019年
+1.28℃

2位
2020年
+1.31℃

(℃)

● 1850-1900年とくらべた世界の平均気温の変化

1.4
1.05
0.7
0.35
0

1970　1975　1980　1985　1990　1995　2000　2005　2010　2015　2020 (年)

観測史上もっとも暑い10年

出典：Copernicus Climate Change Service/ECMWF "Annual global-average surface temperature" をもとに作成

▲2020年、アメリカ合衆国のカリフォルニア州では山火事によって過去最大規模の1万7000㎢が焼失した。山火事は気温が高く、湿度が低く、風が強いと被害が大きくなる。
写真提供：Watchara Phomicinda/Orange County Register via ZUMA Wire/ 共同通信イメージズ

◀2022年に東京は過去最多の16日の猛暑日を記録した。猛暑日となった6月の強い日ざしのなか、日傘をさして歩く人たち。

写真提供：共同通信社

毎日暑くて倒れちゃうよ……。
どうしてこの170年で急に平均気温が上がったんだろう？

次ページへ！
地球の平均気温が上がった理由は……

地球の気温が上がったのはなぜ？

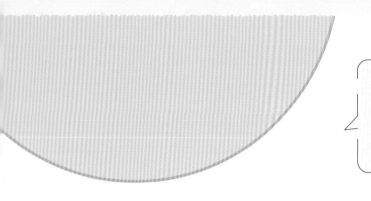

地球をあたためているのは、太陽の光のエネルギーだよ。光には、目に見える可視光と、目に見えない赤外線があって、太陽の光のエネルギーはほとんどが可視光、地表から出る熱はほとんどが赤外線なんだ。

温室効果のしくみ

❸大気中の温室効果ガスが赤外線の一部を吸収し、熱を地表へはね返す。赤外線の一部は大気の外へ出る。

大気中の温室効果ガスが増えたことで、昔より赤外線を吸収するようになり、地表へはね返る熱が増えた。
⇒気温が上がった！

❶地球の大気は可視光をほとんど吸収しないため、太陽の光はほぼすべての量が地上に届く。

❷あたたまった地表が赤外線を出す。

昔の地球

いまの地球

地球をあたためるはたらきをする
温室効果ガスが増えたから！

地球の表面は、大気とよばれる気体の層におおわれている。大気には二酸化炭素（CO_2）やメタンなど、太陽の光のエネルギーによってできた熱の一部を閉じこめて、地球の表面をあたためるはたらきをするガスがわずかにふくまれているよ。このガスを温室効果ガスとよぶんだ。温室効果ガスがなければ、地球の平均気温はマイナス19℃になるんだって！

大気にふくまれる温室効果ガスは、18世紀後半からどんどん増えていった。そのため地球にはそれまでより熱がこもるようになり、平均気温が上がったんだ。

観測 大気にふくまれる CO_2 が増えている

● 1〜2022年のCO_2の大気中の濃度の変化

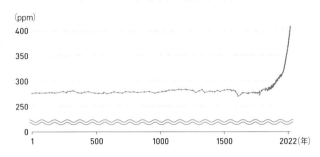

▲大気にふくまれるCO_2の量の割合をしめしたもの。18世紀後半から増えはじめ、この50年ほどで一気に増えている。

出典：Our World in Data (https://ourworldindata.org/atmospheric-concentrations)
データ出典：National Oceanic and Atmospheric Administration (NOAA)

大気の成分と温室効果ガス

大気の99.9%は窒素、酸素、アルゴンという、温室効果の原因にならないガスだよ。温室効果ガスは、その他の0.1%にふくまれていて、大気全体からみるとほんのわずかな量しかないけれど、地球に大きな影響をあたえているんだ。

温室効果ガスは
ここにふくまれるよ！

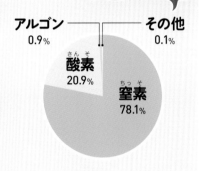

アルゴン 0.9% ── その他 0.1%
酸素 20.9%
窒素 78.1%

水蒸気にも温室効果がある？

じつは水蒸気にも、大きな温室効果があるよ。でも、大気中の水蒸気の量は、人間の活動によって直接増えたり、減ったりすることはない。場所や時期によって量も変わるので、大気の成分からものぞいて考えることが多いんだ。

どうして18世紀後半から温室効果ガスが増えたんだろう。

次ページへ！

温室効果ガスが
増えた原因、
それは……

温室効果ガスが増えたのはなぜ？

温室効果ガスの種類と排出量

　世界の温室効果ガスの排出量を、地球温暖化への影響の強さをもとにしめしたものだよ（2019年の割合）。もっとも地球温暖化への影響が大きいのは CO_2 だけど、ほかの温室効果ガスは CO_2 より地球をあたためる温室効果の力が強い。大気にとどまる期間が長いものもあるよ。これらのガスの影響も無視できないんだ。

＊地球温暖化係数を100年間の値で計算したもの。

出典：IPCC Sixth Assessment Report WG 3 Figure SPM.1

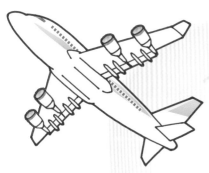

CO_2 … 75.0%

（二酸化炭素）

ものを燃やしたときや、生き物の呼吸によって排出される。化石燃料（→ P.16）を大量に燃やしたことが原因で排出量が増えた。

温室効果ガスにおける CO_2 の特徴

特徴① 大気にしめる割合が大きい

大気中の温室効果ガスのうち、99%以上が CO_2。CO_2 の次に多いメタンの200倍以上ある。

特徴② 増えた量が多い

18世紀半ばごろから増えた量をくらべると、CO_2 の137.4ppmに対して、メタンは1.2ppm。CO_2 はメタンの100倍以上増えている。

出典：World Data Centre for Greenhouse Gases、2021年の数値

特徴③ 温室効果の力はほかのガスより弱い

メタンは CO_2 の約28倍、六フッ化硫黄は CO_2 の約2万5000倍の力がある。

出典：IPCC Sixth Assessment Report WG 1

人間の活動で排出量が増えたから！

大気中の温室効果ガスが増えた原因は、わたしたち人間の活動によって、地球から排出（ある物質から外に出されること）される量が増えたことなんだ。温室効果ガスのなかでも、二酸化炭素（CO_2）の排出量が増えたことが地球温暖化のおもな原因と考えられているよ。また、森を切りひらいて町や工場、農地にするなどの開発が進み、CO_2を吸収する森林が減ったことも、影響をあたえているんだって。

メタン 18.0%

牛やぶたなどの家畜のげっぷやおならにふくまれる。米づくりによって水田から、また、ごみの処分、化石燃料を掘り出すときや燃やすときにも排出される。大気にとどまる期間は12年と短い。

一酸化二窒素 4.0%

燃料を燃やすとき、工場でものをつくるときのほか、農地にまく肥料からも排出される。大気に121年とどまるとされる。

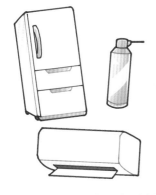

フロン類など 2.0%

人間がつくりだした人工の物質。エアコンや冷蔵庫などのものを冷やす機械や、スプレー缶、半導体をつくるときなどに使われる。温室効果の力はCO_2の数百から数万倍と、とても強い。

温室効果ガスの排出量が増えたのは、わたしたち人間の活動が原因なんだね。いちばん地球温暖化への影響が大きいCO_2ってどんなものなんだろう。森林はCO_2を吸収してくれるの？

次ページへ！

CO_2って？ CO_2を吸収する森林のはたらきって？

13

森林は二酸化炭素を吸収するの？

地球上をめぐるCO₂

　地球上のすべてのものは、原子というとても小さなつぶからできている。CO_2は、酸素（O）という原子2つと、炭素（C）という原子1つがむすびついてできたガスだよ。CO_2は排出されたり、吸収されたりして、地球上をめぐっている。CO_2がなければ、植物はわたしたちの呼吸に必要な酸素をつくり出せない。CO_2そのものは、わたしたちが生きていくためにかかせないものなんだ。

酸素 Ⓞ

地球上にもっとも多く存在する原子。空気の約5分の1をしめる。生き物の呼吸と、ものを燃やすときにかかせない。2つの原子がむすびついて1つになった状態でいることが多く、「O_2」とあらわす。

炭素 Ⓒ

生き物の体に多くふくまれる、生き物になくてはならない原子。炭素が多くふくまれているものは、燃えやすい。

生き物の体には炭素Ⓒがふくまれる。

植物は光合成でつくり出した炭素をふくむ栄養分をもとに、体をつくる。動物は植物を食べたり、植物を食べた動物を食べることで、炭素を取り入れる。人間の体の5分の1は炭素からできている。

生き物は呼吸で酸素Ⓞを取り入れ、CO_2 ⓄⒸⓄを排出する

動物や植物の体は、食べ物から得た炭素をふくむ栄養分と、呼吸で取り入れた酸素を結びつけることで、生きるためのエネルギーをつくり出している。エネルギーをつくり出したときに出たCO_2は、呼吸を通じて体の外へ排出される。

森林は光合成によって二酸化炭素を吸収する

　植物や海藻は、光合成を通じて二酸化炭素（CO₂）を吸収し、酸素を出すよ。森林はわたしたち生き物の呼吸をはじめ、自然のはたらきのなかで排出されるCO₂を吸収し、CO₂の排出量と吸収量のバランスをたもってくれていたんだ。植物も呼吸でCO₂を排出するけど、光合成で吸収する量のほうが多いよ。

　吸収したCO₂を栄養にかえてためこむことで、大気中のCO₂の量をおさえる役割もある。だから、森林が減ると森林がためこむCO₂の量も減り、大気中のCO₂は増える。地球温暖化をさらに進めることになると心配されているんだ。

植物や藻は光合成でCO₂を取り入れ、酸素を排出する

太陽の光のエネルギーを使って、吸収したCO₂と水から、ブドウ糖などの炭素をふくんだ栄養分をつくり出すことを光合成という。このとき酸素が排出される。

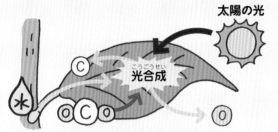

太陽の光

光合成

海はCO₂を吸収・放出している

吸収する量のほうが多く、海のなかのCO₂が増えることによる海洋酸性化（→ P.46）が問題になっている。

ものを燃やすとCO₂が排出される

炭素をふくむものを燃やすと、炭素が酸素と結びついてCO₂が排出される。

CO₂は自然のはたらきのなかでも排出されているんだね。じゃあ、CO₂の排出量を増やしてしまった化石燃料って、どんなものなんだろう。

生き物が死ぬとCO₂が排出される

死んだ動物や植物は微生物によって分解され、体にふくまれていた炭素はCO₂になる。

次ページへ！

化石燃料について、もっと知りたい！

化石燃料ってどんなもの？

化石燃料の種類と使いみち

化石燃料はどれも地下深くにうまっていて、地面や海底をほって取り出すよ。それを船や地下のパイプなどで使う場所まで運ぶ。使いやすいように加工するなどしたあと、わたしたちの身近な製品の材料や、エネルギーとして使われるんだ。

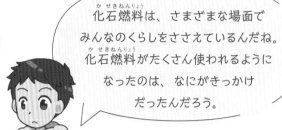

化石燃料は、さまざまな場面でみんなのくらしをささえているんだね。化石燃料がたくさん使われるようになったのは、なにがきっかけだったんだろう。

化石は、地層の中に残された、遠い昔に死んだ生き物のすがたや生活のあとだよ。化石燃料は「化石」とついているけれど、もとの生き物のすがたなどが目に見える形で残っているわけではないよ。

石油

数億年前ごろに海でくらしていたプランクトンや藻、動物の死がいが海の底に埋もれて、上からかぶさった土の圧力や、地中の熱によって変化してきた。

状態：液体

使われかた：乗り物の燃料や、プラスチックや洗剤、繊維、ゴムなどの原料になる。火力発電の燃料にも使われる。

▶三重県四日市市にある石油化学コンビナート。輸入した石油の精製や加工を1か所でできるよう、さまざまな工場が集まっている。

天然ガス

石油と同じ方法でできる。成分などの違いから気体となったもの。

状態：気体

使われかた：火力発電の燃料や、都市ガスなどとしてガス製品に使われる。

▶天然ガスを冷やして液体にした液化天然ガス（LNG）を運ぶ船、LNGタンカー。液体にすることで体積は約600分の1となり、たくさん運ぶことができる。

写真提供：株式会社商船三井

石炭

数千万年前から数億年前ごろにはえていた植物が、地中に埋もれて、上にかぶさった土の圧力や、地中の熱によって変化してきた。

状態：固体

使われかた：火力発電の燃料として使われるほか、鉄やセメントをつくるために使われる。

▶石炭。ふくまれる炭素の量によって、燃えやすさや排出する二酸化炭素の量は異なる。

長い時間をかけて生き物がすがたを変えた さまざまなエネルギーや製品のもと

化石燃料は、おもに石炭、石油、天然ガスのことを指すよ。これらは地層にうもれた動物や植物の死がいが、数億年から数千万年かけて変化してできたものなんだ。もとの動物や植物にふくまれていた炭素（→P.14）が凝縮されているから、とても燃えやすい。そのためおもに燃料として、電気をつくったり、乗り物や機械を動かしたり、ものをあたためたりするために使われているよ。また、身近な製品の材料にもなっているんだ。

● 火力発電のしくみ

化石燃料を燃やしたときに出る水蒸気でタービンをまわし、電気をつくり出す。

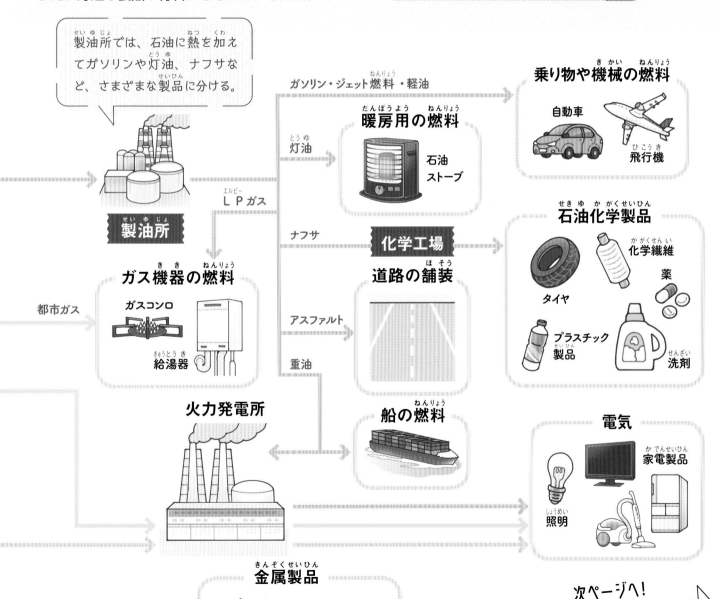

製油所では、石油に熱を加えてガソリンや灯油、ナフサなど、さまざまな製品に分ける。

次ページへ！

化石燃料が使われるようになったきっかけは……

いつから化石燃料を使うようになったの？

世界の化石燃料の消費量と利用の歴史

▌18世紀後半イギリスで産業革命が起こる

イギリスで蒸気機関という、ものを燃やして得た蒸気で機械を動かすしくみが発明されると、複雑な機械や、蒸気機関車などの乗り物が次つぎにつくられた。この燃料として使われたのが石炭だよ。工場の機械によって短い時間で大量の商品がつくられ、乗り物で大量の商品が各地へ運ばれるようになったんだ。

▌19世紀現在の先進国の発展と植民地支配

産業革命がヨーロッパの国ぐにやアメリカ合衆国、日本などへと広がり、大量の化石燃料を使って経済を発展させていったよ。一方、ヨーロッパの国ぐにの植民地として支配されていたアフリカやアジアなどでは、人びとは安い賃金ではたらかされ、資源をうばわれ、貧しいくらしをしていたんだ。

人間が化石燃料を使うようになったのは、この200年くらいのことなんだね。200年前には電球も、ガソリンで動く自動車もなかったんだ！

1785年
蒸気機関を利用して織物を織る機械、力織機が発明される。

1807年
商業用の蒸気船の運行がはじまる。

1820年代
イギリスに鉄道がしかれ、蒸気機関車が走るようになる。

1879年
エジソンが実用的な白熱電球を発明。

出典：“Global fossil fuel consumption” Our World in Data (based on Vaclav Smil (2017) and BP Statistical Review of World Energy)

1800

1850年：569TWh*

1850

* TWh…Whは、一定の時間に使われた電気の量をあらわす単位。Tは1兆倍をあらわす。

18世紀後半に産業革命が起こってから!

2021年：13万6018TWh

　長いあいだ、人はものを手や、かんたんな道具を使ってつくっていたよ。18世紀後半にイギリスで産業革命が起こると、ものは複雑な機械を使ってつくられるようになった。この機械を動かすエネルギーをつくるため、大量の化石燃料が使われるようになったんだ。

　その後、電気や、自動車などの乗り物も発明され、化石燃料は発電や、乗り物を動かすための燃料、プラスチック製品などの材料にも使われるようになる。わたしたちのくらしは化石燃料を使うことで、どんどんらくに、べんりになっていったんだ。

2010年代
日本でスマートフォンが広まる。

1990年代
日本でパソコンや携帯電話が広まる。

▌20世紀大量生産・大量消費の社会へ

20世紀以降、アメリカ合衆国を中心に、大量につくって大量に消費する（買って、使って、捨てる）ことがくらしをゆたかにするという考えかたや、社会のしくみが広がっていったよ。

1970年代
大型の旅客機が飛ぶようになり、多くの人が飛行機を利用するようになる。

1901年
日本で官営八幡製鐵所が操業をはじめる。

1969年
日本がはじめて天然ガスを輸入する。

1950年代
このころからプラスチックの生産がさかんになる。日本で白黒テレビ、洗濯機、冷蔵庫が3種の神器としてあこがれの家電となる。

1960年代
世界の石油の消費量が石炭を上まわる。

1903年
ライト兄弟が飛行機での初飛行に成功。

1930年代
サウジアラビアなど中東の国ぐにであいついで油田が見つかる。

1910年代
アメリカ合衆国のフォードが自動車の大量生産をはじめる。

2010年代

（TWh）
12万
10万
8万
6万
4万

天然ガス

石油

石炭

こんなに化石燃料を使うようになったんだ！
でも、化石燃料を使えば大量のCO₂が排出されるんだよね。
ということは……

次ページへ！

化石燃料をたくさん使ったことでなにが起こったの？

1920年：1万955TWh

1939〜1945年
第二次世界大戦

1914〜1918年
第一次世界大戦

0　　　　　　　1950　　　　　　　2000　　2021
（年）

19

地球温暖化を引き起こしたのはなに？

わたしたち人間の活動！

　地球温暖化の原因をつくり出したのは、わたしたち人間なんだ。18世紀後半から使われるようになった化石燃料は、数千万年から数億年もの時間をかけて、たくさんの炭素が凝縮されたものだったね（→P.16）。それを数百年という短い期間で使ったら、一気に大量の二酸化炭素（CO₂）が排出されることになる。排出量が地球上で吸収できる量を上まわり、大気中のCO₂が増えることになったんだ。CO₂を吸収する森林（→P.14）を開発のために伐採していることも、大気中のCO₂を増やしているよ。

　ほかの温室効果ガスも、同じように人間の活動が原因で排出量が増えている。こうして地球の平均気温は上がっていったんだ。

地球温暖化の原因は、人間の「もっとべんりにくらしたい」、「いまさえ、自分さえよければいい」という終わりのない望みや、自分勝手な行動だということができるかもしれないね。

●1850〜2020年の地球の平均気温の変化

前のページの世界の化石燃料の消費量のグラフと、平均気温の増えかたを見くらべてみよう！

出典：IPCC Sixth Assessment Report WG 1 Figure SPM.1 をもとに作成

観測された気温

温室効果ガスを排出する人間の活動があった場合の推定気温

人間の影響

自然の変化のみだった場合の推定気温

人間の活動があった場合と、なかった場合の気温を推定し、くらべたグラフ。人間の活動によって大はばに気温が上がったと推定されている。

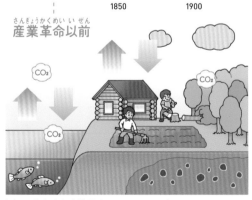

産業革命以前

CO₂の排出量と吸収量は、どちらかが増えたり、減ったりしたこともあったが、長い時間をかけてバランスがとられてきた。

現在

CO₂の排出量が大はばに増え、その影響で海が吸収するCO₂が増えた。森が減って吸収量が減った。

前のページのグラフとくらべると……
化石燃料を使う量が増えるほど、地球の平均気温も上がっているよ。このまま化石燃料を使いつづけたら、地球の平均気温も上がりつづけるの？

第2章へ！

地球はこれからも温暖化するの？

第2章

地球温暖化でなにが起こるの？

地球の平均気温が上がっていることはわかったけれど、

気温がちょっと上がるくらい、

がまんすれば平気だよ！ という人もいるかもしれないね。

でも、地球温暖化によって起こるのは気温の上昇だけではないんだ。

地球の気候は複雑にかかわり合っている。気温が上がることで、

雨の降りかたをはじめ、地球の気候全体が変わることになるんだ。

そしてこれらの気候の変化は、人や生き物のくらしに影響をあたえることになる。

すでに大きな被害を受けている地域もあるよ。

気温の上昇だけではない、さまざまな地球への影響を見ていこう。

地球はこれからも温暖化するの？

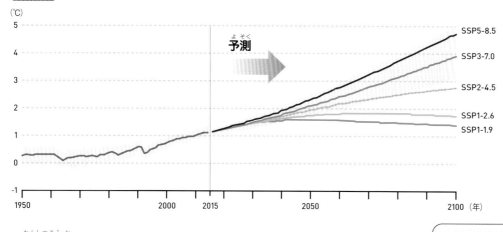

IPCC（気候変動に関する政府間パネル、→2巻）が2021年に発表した報告書では、社会がこれからどのように発展するかをもとに5つのシナリオ（SSP）をつくり、その結果、気温がどれくらい上昇するか、どのような影響があるかを予測している。

温室効果ガス排出量	1850-1900年とくらべた平均気温	シナリオの内容
非常に多い（SSP5-8.5）	+4.4℃（3.3～5.7℃）	化石燃料をたくさん使いつづけ、温室効果ガスの排出量をへらす取り組みをまったくしない場合。
多い（SSP3-7.0）	+3.6℃（2.8～4.6℃）	世界の国ぐにのあいだで対立がつづき、温室効果ガスの排出量をへらす取り組みがされない場合。
中間（SSP2-4.5）	+2.7℃（2.1～3.5℃）	温室効果ガスの排出量をへらす取り組みが、あるていどされる場合。
少ない（SSP1-2.6））	+1.8℃（1.3～2.4℃）	持続可能な発展（→2巻）のもとで、21世紀後半に温室効果ガスの排出量をゼロにおさえられるよう取り組む場合。
非常に少ない（SSP1-1.9）	+1.4℃（1.0～1.8℃）	持続可能な発展のもとで、21世紀半ばに温室効果ガスの排出量をゼロにおさえられるよう取り組む場合。

このあとのページで出てくる +2℃ や +4℃ は、このシナリオをもとに予測された数値だよ。

最大で5.7℃!? そんなに上がっちゃうの？いま1℃上がっただけでもこんなに暑いのに、そんなに気温が上がったら地球はどうなっちゃうんだろう……

もっと知りたい！

▎北極の近くはとくに気温が上がる

地球にそそぐ太陽の光は、地面や海、氷などにあたって、一部は吸収され、一部は反射して大気の外へと向かう（→ P.10）。反射する光の割合は、地面が約25%、海が約10%に対して、氷は約80～90%。つまり、雪や氷におおわれた北極の周辺（北極圏）では、いまは太陽光のほとんどをはね返しているんだね。ところが地球温暖化による暑さで雪や氷がとけると、地面があらわれて太陽光をたくさん吸収することになり、まわりの気温も上がる。気温が上がるとさらに雪や氷がとける。これがくり返されることで、北極圏ではほかの地域より早く気温が上がり、上がる気温のはばも大きいんだ。

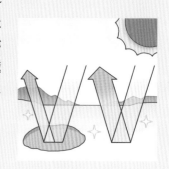

今後も地球温暖化は進み、地球の平均気温は2100年までに最大4℃以上上がるかもしれない

わたしたちがこのまま温室効果ガスを排出しつづけると、2100年ごろの地球の平均気温は、19世紀後半とくらべて最大で5.7℃上がると予測されている。しかも、昔は50年に1回しか起こらなかった極端な高温が、毎年のように起こるようになるかもしれないんだ。

でも、あわてないで！ 気温がどれくらい上がるかは、わたしたちがこれから排出する温室効果ガスの量によって決まる。温室効果ガスの排出量を減らすことができれば、気温の上昇もおさえられるはずなんだ。

日本や世界では、平均気温の上昇を1.5℃前後におさえるための取り組みが進められているよ。くわしくは2巻を見てね！

予測 50年に1度の極端な高温が起こる可能性

1850-1900年：1回	いま：4.8倍	+1.5℃：8.6倍	+2℃：13.9倍	+4℃：39.2倍

人間の活動がなかった場合に、平均して50年に1度起こるような極端に暑い気温の起こりやすさをあらわしたもの。💥は極端な高温をしめすよ。気温が上がるほど、極端に暑い日も増えるんだ。

日本では…

さらに平均気温が上がり、猛暑日は最大約20日増える

日本の平均気温は、世界の平均よりも大きく上がると予測されているよ。夏より冬、南より北のほうが気温の上がりかたは大きいんだって。1日の最高気温が35℃以上の猛暑日や、夜の最低気温が25℃以上の熱帯夜も、増えるとされているんだ。

20世紀末とくらべた21世紀末の日本の年平均気温

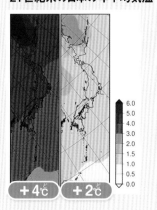

+2℃		+4℃
1.4℃増加	年平均気温	4.5℃増加
3日増加	年間の猛暑日	19日増加
9日増加	年間の熱帯夜	41日増加

6.0
5.0
4.0
3.0
2.0
1.5
1.0
0.5
0.0

+4℃　+2℃

次ページへ！

地球温暖化の影響は、気温が上がるだけじゃない！

出典：文部科学省及び気象庁「日本の気候変動2020 − 大気と陸・海洋に関する観測・予測評価報告書 −」

地球温暖化は気温が上がるだけじゃないの?

地球の水の循環と地球温暖化の影響

水は海や雨、川など、さまざまにすがたを変えて地球上をめぐりつづけている。これを水の循環というよ。地球温暖化によって気温が上がったことで、蒸発する水の量が増える、強い雨が増えるなど、昔とくらべて水の循環がはげしくなっているんだ。

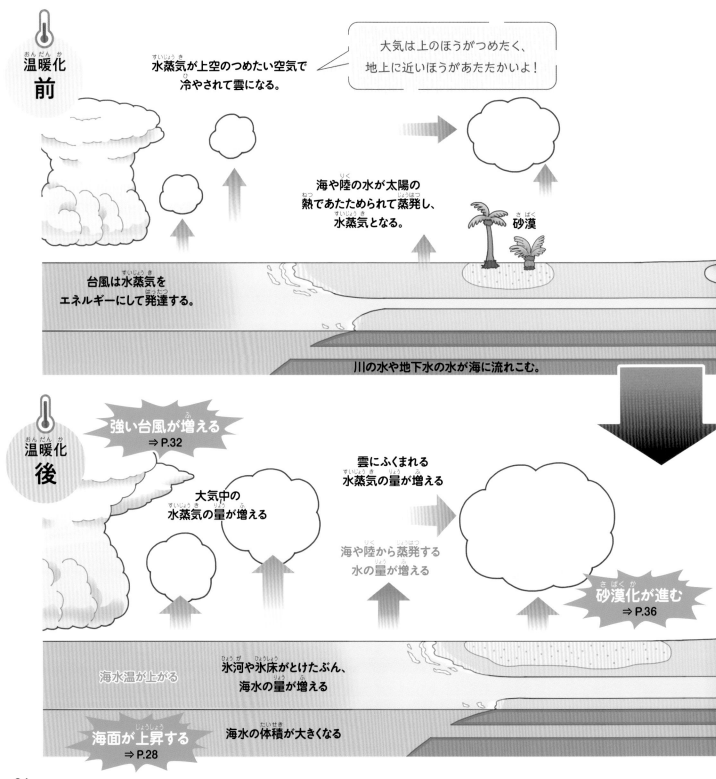

温暖化前

水蒸気が上空のつめたい空気で冷やされて雲になる。

大気は上のほうがつめたく、地上に近いほうがあたたかいよ!

海や陸の水が太陽の熱であたためられて蒸発し、水蒸気となる。

砂漠

台風は水蒸気をエネルギーにして発達する。

川の水や地下水の水が海に流れこむ。

温暖化後

強い台風が増える
⇒ P.32

大気中の水蒸気の量が増える

雲にふくまれる水蒸気の量が増える

海や陸から蒸発する水の量が増える

砂漠化が進む
⇒ P.36

海水温が上がる

氷河や氷床がとけたぶん、海水の量が増える

海面が上昇する
⇒ P.28

海水の体積が大きくなる

24

気候が大きく変化する気候変動が起こり、自然や人のくらしに大きな影響をあたえる

ニュースなどで「観測史上最高気温」、「数十年に1度の大雨」のような表現を聞いたことはない？このような、めったに起こることのない気象のことを異常気象というよ。この数十年、異常気象は世界各地でたびたび起こっており、その大きな原因のひとつが地球温暖化だとされているんだ。

異常気象が増える、地球の水の循環がはげしくなるなど、地球温暖化が引き起こす気候全体の大きな変化を気候変動という。気候変動は海面の上昇や生き物の絶滅、感染症の拡大など、さまざまなかたちで自然やわたしたちのくらしに影響をあたえるんだ。

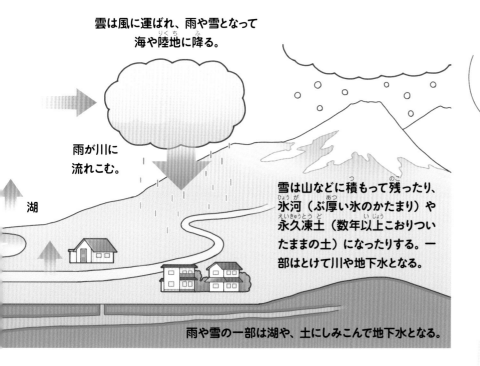

雲は風に運ばれ、雨や雪となって海や陸地に降る。

雨が川に流れこむ。

湖

雪は山などに積もって残ったり、氷河（ぶ厚い氷のかたまり）や永久凍土（数年以上こおりついたままの土）になったりする。一部はとけて川や地下水となる。

雨や雪の一部は湖や、土にしみこんで地下水となる。

こんなたいへんなことが起こるの!?
地球がめちゃくちゃになってしまうよ。

気候が変わることで…

水没や浸水する地域がある

砂漠化が進む

生き物の生息地が変わる

絶滅する生き物がいる

作物の収穫量や漁獲量が変わる

災害の被害が増える

暑さや病気でなくなる人が増える

飢餓や水不足に苦しむ人が増える

気候を原因とした難民が増える

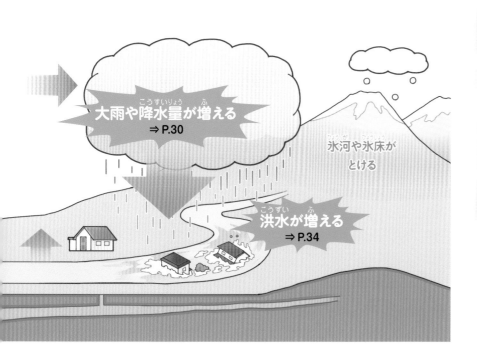

大雨や降水量が増える
⇒ P.30

氷河や氷床がとける

洪水が増える
⇒ P.34

次ページへ!

気候変動の具体的な内容を知る前に

25

気候変動とその影響について 深く理解するために知っておきたいこと

「地球の気温はこれからも上がりつづける」、「洪水が増える」、
「絶滅する生き物がいる」……これらの予測を知って、キミはどう思った？

そんなことが起こるなんて、
想像するのもつらいよ……。
考えないようにしよう。

だれかが、みんなを
こわがらせようとして、
うそをついているん
じゃないの？

こんなふうに思う人も、いるかもしれない。たしかに、地球温暖化による影響はあまりにも大きいので、自分のいままでの経験からは、すぐに本当だと思えないよね。いままでも、「地球温暖化は起こっていない」、「地球温暖化は自然現象の一部」など、たしかな根拠なしに地球温暖化をうたがう説が、人びとのあいだでたびたび話題になってきたよ。

そのようななか、気候変動についての論文を世界中の専門家が集まって評価する機関、IPCC（気候変動に関する政府間パネル、→2巻）は、長年にわたって「地球温暖化の原因は人間の活動なのか」を評価してきた。いままで「可能性が高い」などの表現にとどまっていたけれど、2021年に発表された第6次評価報告書には、次の通り書かれていたんだ。

「人間の影響が大気、海洋および陸域を 温暖化させてきたことにはうたがう余地がない」

つまり、地球温暖化の原因は人間の活動で、まちがいないってこと。世界各地から集まった1300人以上の科学者が、世界の1万4000本もの科学論文などをふまえて出した結論だよ。最新のコンピューターを活用した、シミュレーションなども活用されているんだって。

未来のことを予測するのは、とてもむずかしい。でも、いまの科学のちからを結集して出した「地球温暖化の原因は人間の活動」という評価を、わたしたちはしっかり受けとめ、向き合っていく必要があるよ。

⚠ 具体的な気候変動の影響を知る前に、全体にかかわるポイントをみていこう。

一度変わってしまうと、もとにもどらないものがある

　地球温暖化が進むと、地球に取り返しがつかない変化が起こる場合があるんだって。たとえば気温が上がって上昇した海面の高さをもとにもどすことは、水の性質上、とてもむずかしいと言われている。海面の上昇は数千年先までつづき、可能性は低いけれど、2300年に海面が15m上がるという予測もあるんだ。ほかにもサンゴ礁が消滅する、北極圏の永久凍土がとけるなど、ある基準を超えると、もとにもどすことができない大きな変化が起こるかもしれないんだ。

さまざまな問題の原因は、地球温暖化だけじゃない

　災害や食糧不足、生き物の絶滅など、さまざまな問題で地球温暖化の影響が明らかになっている。でも、これらの問題の原因は、地球温暖化「だけ」ではないよ。たとえば砂漠化(→ P.37)には、人間による無理な土地の開発や、その原因である貧困や紛争の問題が大きな影響をあたえている。食糧不足(→ P.42)や感染症の流行(→ P.44)などは、地球温暖化をふせげばなくなるものではないね。
　地球温暖化はとても大きな問題だけれど、解決しなければならない課題は、地球温暖化だけじゃない。社会のさまざまな問題に関心をもち、なにができるか考えていきたいね。

影響や被害の大きさは地域や立場によって大きく異なる

　地形や気候は、地域でさまざまだよね。地球温暖化の影響も、地域によって大きく異なるんだ。たとえば地球温暖化によって降水量が増える地域もあれば、減る地域もある。どれくらい変化するかも異なるよ。
　また、気候変動の影響にどれくらい対応できるかは、その地域がもつ技術や資金によって変わる。たとえば海面上昇に対して、経済的に豊かな国は堤防を築くなどの対策をして被害をおさえることができるけれど、貧しい国は資金不足で対策が進まず、被害が大きくなってしまうんだ。

　みんなの未来がかかっているんだ。
むずかしそうとか、想像するのがつらいとか、言っていられないね。まずは、いま起こっていること、予測されていることを知りたい！

次ページへ！

まずは、海への影響を見てみよう！

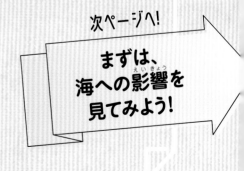

海に沈むかもしれない島があるってほんと？

高潮により浸水したキリバスのまち。キリバスは太平洋の小さな島じまからなる国で、平均海抜は約2メートル。海面が上がれば国土の広い範囲が浸水すると予測されている。

写真提供：一般社団法人日本キリバス協会

どうして？
あたたまった海水が膨張するから

水温が上がって海水の体積が増えたことが、海面の上がった大きな原因だとされている。水はあたたまりにくく、冷めにくいという特徴があるので、一度海水温が上がったら、下げることはむずかしいんだ。だから、高くなった海面をもとにもどすこともできないんだって！ あたたかくなった海が大気をあたため、地球温暖化がさらに進むと言われているよ。

どうして？
氷河や氷床がとける

寒い地域に降った雪がかたまってできたぶ厚い氷のかたまりを、氷河というよ。氷河は高い山や渓谷などにできる。大陸をおおうような大きなものは氷床とよばれ、南極とグリーンランドにある。これらの氷が気温の上昇でとけて海に流れ出し、海水の量が増えるんだ。氷河は、数十年から数世紀にわたってとけつづけると予測されているよ。

観測
減っていくグリーンランドの氷床

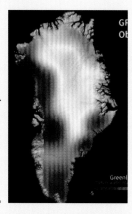

▶2021年のグリーンランドの氷が、2002年とくらべてどれくらい減ったかをしめしたもの。赤色が濃いほど氷がとけたことをしめす。氷が陸地の約8割をおおっているグリーンランドでは、年間平均約2730億トンの氷がとけて海へと流れ出している。

出典：NASA and JPL/Caltech（https://climate.nasa.gov/climate_resources/264/video-greenland-ice-mass-loss-2002-2020/）

予測 気温が上がるほど海面は高くなる

● いま（1995～2014年）とくらべた2100年ごろまでの海面の高さの変化

+4℃ 最大101cm

+1.5℃ 最小28cm

いま

海面が上がり、浸水する島や地域がある

1901～2018年のあいだに、海の水面（海面）の平均の高さは約20cm上がった。今後も気温の上昇とともに上がりつづけ、海抜（海面からの高さ）の低い小さな島や、沿岸の地域が海に沈んでしまうかもしれないと心配されているよ。すでに浸水の被害を受けているところもあるんだ。

このような海面上昇のおもな原因は、地球温暖化によって海の水温が上がったこと。水温が高くなるほど水は膨張する（ふくらむ）ので、海水の体積が増えたんだ。また、気温が上がったことで陸地の雪や氷がとけて海へと流れこみ、海水の量自体が増えたことも原因だよ。

観測　海の水温が上がっている

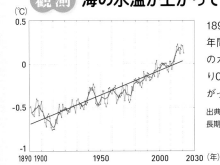

1891～2021年の130年間のあいだに、海の水温は100年あたり0.56℃の割合で上がっている。

出典：気象庁「海面水温の長期変化傾向（全球平均）」

北極の氷は、2100年ごろにはすべてとけているという予測もあるんだ。

わたしたちが住む場所がなくなっちゃう！

こんな影響　浸水におびやかされる島

海面上昇の被害を受けやすいのは、太平洋のツバルやキリバス、インド洋のモルディブ、バングラデシュなど、海抜が低い場所にある小さな島国や地域だよ。堤防をつくるなど、浸水への対策に十分な資金がないことが被害を大きくしてしまうんだ。

わたしたちはほとんど温室効果ガスを排出していないのに……。

浸水が進む島では、他の島や地域に移住する人もいるよ。

日本では…

沿岸部の浸水が進み、ほとんどの砂浜が消える

気温が上がりつづければ、日本でも世界の平均と同じくらい海面が上昇すると考えられているよ。東京や大阪などの大都市をはじめ、日本の沿岸部には海抜が海面と同じ海抜ゼロメートル地帯が多い。堤防などがあるため、すべてが沈むわけではないけれど、砂浜は最大90％以上減り、浸水の危険も高まる。台風による高潮（→P.33）の被害も増えるかもしれないんだ。

予測　首都が海に沈む!?

● 海面が1m
　上がったときの関東地方

▶海抜ゼロメートル地帯が広がる関東平野をはじめ、海面が1m上がると広い範囲で浸水が起こる可能性がある。

出典：国立研究開発法人 産業技術総合研究所／地質調査総合センター「海面上昇シミュレーションシステム」(https://gbank.gsj.jp/sealevel/) より

雨の降りかたが変わるの？

2022年8月20日、石川県七尾市で、大雨のなか水につかった道路をわたる男性。2022年8月、石川県の各地が大雨にみまわれ、浸水や川のはんらん、土砂くずれなどが起こった。

2022年8月21日北國新聞朝刊に掲載

どうして？

大気がより多くの水蒸気をふくむようになるから

大気がふくむことのできる水蒸気の量は、気温によって変わるよ。気温が1℃上がると、大気がふくむことのできる水蒸気の量は7％増える。たくさん水蒸気がたまるまで雨が降らないので、雨が降る回数はすこし減る。でも、降るときには一気に、大量の雨が降ることになるんだ。

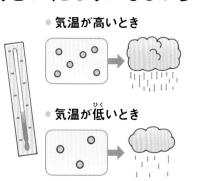

● 気温が高いとき

● 気温が低いとき

どうして？

海や陸からより多くの水が蒸発するから

気温が高くなると、海や陸があたたまり、海や川、湖、地面などから、より多くの水が蒸発するよ。つまり、いままでよりたくさん蒸発して、たくさん雨として降るってことだね。

日本では…

はげしい雨が増える

日本では、この数十年間で強い雨が降る回数が増えている。地球温暖化が進めば、さらに強い雨が降りやすくなるんだ。一方、年間の降水量はあまり変わらないとされている。気温が大きく上がると、雨が降る日はすこし少なくなると予測されているよ。

予測 気温が上がるほどはげしい雨が増える

● 1時間に50mm以上の大雨が降る回数

+2℃：約1.6倍　　**+4℃**：約2.3倍

出典：文部科学省、気象庁「日本の気候変動2020」

観測 大雨が増えている

● 1時間に50mm以上の大雨が降った回数

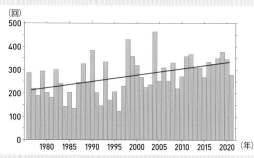

▲1時間に50mmの雨は、バケツをひっくり返したような強い雨。この数十年で回数が増えている。

出典：気象庁ホームページ「全国（アメダス）の1時間降水量50mm以上の年間発生回数」(https://www.data.jma.go.jp/cpdinfo/extreme/extreme_p.html)

はげしい大雨がよく降るようになる
降水量が増える地域と減る地域がある

雨は大気中の水蒸気がすがたを変えたものだよ。気温が上がると、大気がより多くの水蒸気をふくむことができるようになる。だから、地球温暖化が進むと、大気中の水蒸気の量が増え、雨として降る水の量（降水量）も増えるんだ。

降りかたも変わるよ。いままでより多くの水蒸気がまとまった雨となって降るので、ほとんどの地域で大雨が降る回数が増え、雨の強さも増す。また、降りやすい地域に雨が集中して降るので、年間降水量が増える地域と減る地域があるんだ。

予測 降水量が増える地域と、減る地域がある

● 1850〜1900年とくらべた降水量

増える
北極周辺
南極周辺
アフリカ中部
アラビア半島
インド
など

減る
南アメリカの
北部と南部
地中海周辺
アフリカ南部
オーストラリア南西部
など

予測 大雨がよく降るようになる

気温が上がるほど、大雨はよく降るようになると予測されているよ。4℃上昇したら、10年に1度だった大雨が、4年に1度降るようになるかも!?

● 10年に1度の大雨が降る確率（1850〜1900年を1倍としたとき）

いま：1.3倍 　 +1.5℃：1.5倍 　 +4℃：2.7倍

予測 雨がはげしくなる

大雨がいまよりもっとはげしく降るとされている。短い時間に大量の雨が降ると、川や下水道などで水を流しきれなくなって洪水（→P.34）の原因になるよ。

● 1850〜1900年とくらべた大雨の強さ

いま：6.7%増加 　 +1.5℃：10.5%増加 　 +4℃：30.2%増加

1年間のなかでも、降りやすい時期に集中して降るんだって！

予測 世界全体の降水量が増える

雨は、さまざまな原因が複雑に組み合わさって降るものなんだ。降水量が全体でどれだけ増えるか、予測するのはむずかしいんだって。

● 1995〜2004年とくらべた世界の平均年間降水量

+1.5℃：0〜5%増加 　 +4℃：1〜13%増加

強い台風が増えるの？

2021年12月にフィリピンをおそった台風22号「オデット」によって破壊された家。非常に強い風によって1000万人以上が被害を受けた。

写真提供：WFP/Ryan Matias

台風のできかた

どうして？

海の水温が上がり、水蒸気が増えるから

台風は水蒸気が雲になるときに発生する熱をエネルギーにして、大きさや風の強さを増す。海の水温が高いほどたくさんの水蒸気が雲となり、熱を発生させるので、台風の強さも増すことになるんだ。

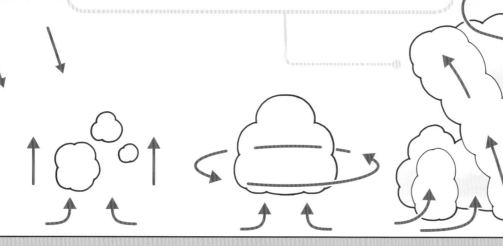

1. 雲ができる

太陽の熱であたたまった海面から、水が蒸発して水蒸気となる。水蒸気をたくさんふくんだ海上のあたたかい空気は、軽くなって上へとのぼり、上空で冷やされて雲になる。雲になるとき、水蒸気は熱を発生させてまわりの空気をあたためる。

2. 雲がうずをまく

あたたまった空気はより軽くなり、さらに上へとのぼる。空気がうすくなった海面の近くは気圧が低くなり、低気圧ができる。空気は気圧が高い場所から低い場所へ流れるため、低気圧の中心にまわりの湿った空気がうずをまきながら流れこみ、雲となって熱を発生させる。

3. 台風になる

2がくり返されることで、中心の気圧はどんどん下がり、雲は大きく、うずの回転は速くなる。やがて中心部に雲や風のない「台風の目」とよばれる部分ができる。まわりにも雲が集まり、大きくなりながら風に乗って移動する。

▌気温と空気の関係

台風や雨などの気象現象が起こるのは、大気のうち、地上から高さ約12kmまで。この範囲では、上空ほど気温が低くなるんだ。空気はあたたまると軽く、つめたくなると重くなる性質があるので、大気のなかで上に上がったり、下に下がったりをくり返しているんだね。

数は減るが、強い台風の割合が増える

台風は、熱帯低気圧（赤道近くのあたたかい海で生まれた空気のうずまき）が発達したもの。地球温暖化が進むと熱帯低気圧は起こりにくくなるとされ、台風の数は減るとされているんだ。

じゃあ安心だ！ とは思わないで。台風は海面から蒸発する水（水蒸気）をエネルギーにして、大きさや風の強さを増していく。地球温暖化に

よって海の水温が上がると、水蒸気が増え、台風による風や雨はいまより強くなるんだ。つまり、いったん熱帯低気圧が発生したら、強い台風になりやすいってこと。台風による高潮や洪水（→P.34）などの被害も、いまより大きくなるかもしれないよ。

予測 台風の数は減る
● 発生する台風の数
+2℃：14％減少

予測 雨が増える
● 台風による平均降水量
+2℃：12％増加

予測 風が強くなる
台風の最大風速
+2℃：5％増加

こんな影響 強風や洪水、高潮などの被害が増える

台風がやってくると、家の屋根が飛ばされるほどの強い風が吹くこともある。大雨による洪水や、土砂くずれも心配だね。また、台風の力で海水が持ち上がり、海面が高くなる高潮が起こると、沿岸部のまちは水浸しになってしまう。強い台風が増えれば、これらの被害も大きくなるよ。

日本では…

非常に強い台風が増えるかもしれない

日本をおそう台風も、強さが増すと考えられている。4℃上昇したら、日本の南の海で非常に強い台風が発生しやすくなるという予測もあるよ。雨や風

の被害はもちろん、海面上昇（→P.28）した日本へ台風がやってきたら、高潮によって首都・東京をはじめ各地の沿岸で大きな被害が出るかもしれないんだ。

出典：文部科学省、気象庁「日本の気候変動2020」

洪水が増えるってほんと？

令和2年7月豪雨による洪水で被害を受けた熊本県人吉市のようす。各地で観測史上最大級の大雨となり、球磨川や筑後川、最上川などの大きな川がはんらんした。

出典：球磨川水害伝承記（国土交通省）

どうして？

大雨が増えるから

洪水のおもな原因は大雨だよ。地球温暖化が進むと大雨や、大雨をもたらす強い台風が増えるので、洪水が起こりやすくなるんだ。年間の降水量が減るとされる地域でも、大雨が降る回数は増えるので、洪水が起こる可能性があるよ。

都市では地面がアスファルトなどで舗装されているため、下水道管などの水路を使って降った雨を川や海へ流している。大雨で流しきれなくなったり、水路がつまったりすると、まちに水があふれ、浸水が起こることがあるんだ。

こんな影響

人の命やくらしがおびやかされる

洪水は人の命をうばう恐ろしい災害だよ。建物や畑、道路が水につかる浸水が起こったり、電気や水道が使えなくなったりして、水が引いたあともくらしに大きな影響がでる。きたない水がまちにたまるので、感染症もはやりやすくなるんだ。このような洪水の影響を受ける人は、気温が上がるほど増えると予測されているよ。

予測 気温が上がるほど洪水の被害が大きくなる

● 洪水の被害を受ける人の数　　いま 🧍🧍 とくらべると……

+2℃：2.2倍

+4℃：5倍

洪水が起こりやすくなり被害も大きくなる

大雨が降るなどして大量の水が川に流れ込み、あふれ出す洪水。地球温暖化が進むと大雨や強い台風が増える（→P.32）ので、雨による洪水が増えるんだって。また、気温が上がってとけた氷河（→P.28）が大きな洪水を引き起こすことが心配されているよ。

IPCC（→2巻）の報告によると、南アメリカ、アフリカ中部、アジアでは洪水が起こりやすくなり、北アメリカやヨーロッパでは起こりにくくなると予測されている。洪水による被害は、気温が上がるほど大きくなるよ。

どうして？

暑さで氷河がとけるから

地球温暖化で気温が上がったことで、各地の氷河が急速にとけ、氷河から流れる川の水の量が増えたり、とけた水がたまる氷河湖ができたりしているんだ。川の水の量が増えると、大雨が降ったときに洪水が起こりやすくなる。氷河湖は、大雨が降るなどして決壊すれば、大洪水を引き起こすよ。

観測 消える氷河

▲ペルーのコリ・カリス氷河。1978年（写真左）には氷におおわれていた場所が、2004年（写真右）には湖となっている。

出典：Lonnie G. Thompson in July 1978 (left) and again by Lonnie G. Thompson in July 2004 (right). From the Glacier Photograph Collection. Boulder, Colorado USA: National Snow and Ice Data Center/World Data Center for Glaciology. Digital media.

日本では…

洪水がさらに増える

日本の川は外国の川とくらべて短く、流れが急だよ。降水量も多く、夏から秋にかけていくつもの台風が接近・上陸する。そのため、昔から毎年のように大雨や台風による洪水の被害を受けてきた。地球温暖化が進めば日本の年間降水量が増え、洪水の被害はさらに増えると予測されているよ。

出典：国土交通省「気候変動を踏まえた治水計画のあり方」提言（令和3年4月改訂）

予測 洪水が増える

洪水の起こりやすさ　　いま〜とくらべると……

+2℃：2倍　　+4℃：4倍

観測 いまでも水害は多い

2010〜2019年に市区町村が受けた水害・土砂災害の件数

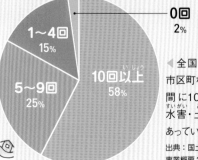

- 0回 2%
- 1〜4回 15%
- 10回以上 58%
- 5〜9回 25%

◀全国の約6割の市区町村が、10年間に10回以上の水害・土砂災害にあっている。

出典：国土交通省「河川事業概要2022」

干ばつも増えるの？

干ばつで荒れたエチオピア南部の土地。長くつづく干ばつによって住民は飼っていた牛を失い、食べ物にもこまるようになった。

出典：WFP/Michael Tewelde

どうして？

雨が減る

雨が降りやすい地域や時期に集中して降るようになるため、雨があまり降らない地域や時期にはさらに降らなくなる。

どうして？

陸から蒸発する水が増える

気温が高くなり、いままでより多くの水が陸から蒸発する。土の水分が減って乾燥することになるよ。

どうして？

氷河の氷や雪がとける

氷河の氷や、冬のあいだに山に積もった雪は、ゆっくりととけて川や地下水となり、周辺の地域のくらしをささえているんだ。気温が上がって氷河がとけてなくなったり、雪の積もる量が減ったりすると、水不足や干ばつが起こる可能性があるよ。

予測 ▶ 気温が上がるほど干ばつが起こりやすく、はげしくなる

10年に1度の干ばつが起こる可能性

1850～1900年：1倍	いま：1.7倍	+1.5℃：2倍	+4℃：4.1倍

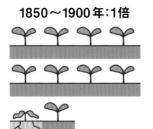 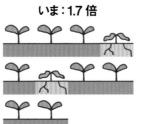 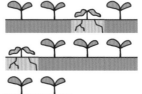 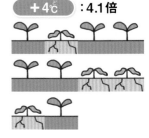

干ばつの強さ

1850～1900年：0	いま：0.3ポイント増加	+1.5℃：0.5ポイント増加	+4℃：1.0ポイント増加

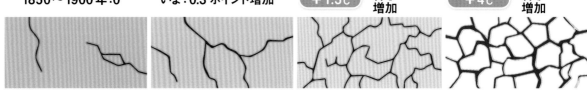

はげしい干ばつが起こりやすくなり
砂漠化が進む

長いあいだ雨がほとんど降らず、水が足りなくなることを干ばつというよ。生活に必要な水が手に入らなくなったり、土がかわいて農作物が育たなくなったりする。地球温暖化で陸から蒸発する水分が増え、もとから降水量が少ない地域でさらに雨が減ると、干ばつが起こりやすくなるんだ。

アフリカなどの乾燥した地域では、無理な農業や開発などで土地が荒れ、植物がほとんど育たなくなる砂漠化が問題になっている。干ばつで土地が乾燥すれば、砂漠化がさらに進むと心配されているよ。

予測 アメリカ大陸や地中海沿岸などではげしい干ばつが増える

● 温暖化によって干ばつが起こりやすくなる地域

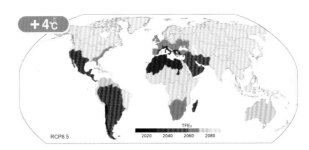

将来、1年間に干ばつが起こる日数の予測をもとに、いままで（1865～2005年）の基準では異常とされていた干ばつが、一般的な状態になる年代をしめしたもの（+4℃の場合）。

出典：Satoh, Y., Yoshimura, K., Pokhrel, Y. et al. The timing of unprecedented hydrological drought under climate change. Nat Commun 13, 3287 (2022).

こんな影響 水不足がひどくなる

きれいな水を使えない人は、いまもアフリカやアジアを中心に、世界に約7億7100万人*いる。きたない水を飲んで感染症にかかる人や、遠くまで水をくみに行くために学校に通えない子どもも多いんだ。

＊出典：UNICEF/WHO「Progress on household drinking water and sanitation and hygiene 2000 – 2020」

こんな影響 砂漠化が進む

砂漠化が進むと、農作物を育てられず、貧しい人や飢えに苦しむ人が増える。食べ物や水をめぐる争いが起こったり、生き物のすみかがうばわれたりもするよ。二酸化炭素（CO_2）を吸収する植物が育たないことから、大気中のCO_2が増えて地球温暖化がさらに進むことにもなるんだ。

日本では…

水不足が起こりやすくなるかも

日本では、雨は夏から秋に集中して降る。また、山が多いことから川が短く、流れも急だ。だから大雨が降れば洪水に、雨が降らなければ水不足になりやすいんだ。日本では地球温暖化が進めば、雨が一度にまとまって降り、降らない日が増えるとされているので、水不足がさらに起こりやすくなるかもしれないよ。

観測 日本でも水不足は起こっている

● 1992年～2021年の30年間に水不足が起こった期間

- □ 0年
- ▨ 1年
- ▨ 2～3年
- ▨ 4～7年
- ■ 8年以上

出典：国土交通省「令和4年版 日本の水資源の現況」

たくさんの生き物が絶滅するってほんと？

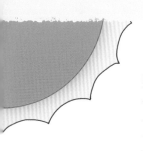

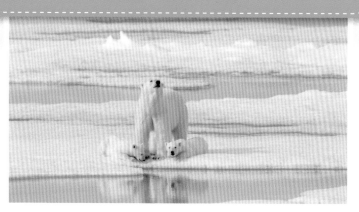

北極の海にうかぶ氷（海氷）の上にくらすホッキョクグマは、地球温暖化の影響で絶滅が心配されている生き物のうちの一種。えさとなるアザラシが海氷の上で繁殖をおこなうため、地球温暖化の影響で海氷がとけると、生息地もえさも減ることになる。

Alexey Seafarer / PIXTA

陸の生態系と食べる・食べられる関係

ある地域での生き物どうしのつながりと、それをとりまく環境を生態系という。すべての生き物は食べる・食べられるなどの関係を通してほかの生き物と複雑にかかわり合っているため、1種でも絶滅したり、すみかを移したりすれば、ほかの生き物にも影響が出る。

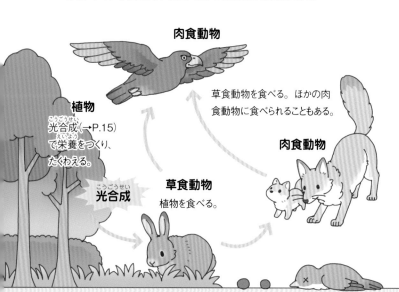

肉食動物

植物
光合成（→P.15）で栄養をつくり、たくわえる。

光合成

草食動物を食べる。ほかの肉食動物に食べられることもある。

肉食動物

草食動物
植物を食べる。

死んだ動物やフン
微生物によって分解され、植物の栄養となる。

微生物

どうして？
環境の変化についていけない

生き物には、それぞれ生きるのに適した環境がある。ある地域の環境が大きく変化したとき、べつの場所に移動するなどして生きのびる生き物もいるけれど、変化についていけずに絶滅する生き物もいる。地球温暖化による気候の変化はとても急なので、変化についていけない生き物も多いと考えられているんだ。

暑いからって
移動できないよ
……。

べつの場所に移動した生き物が、移動先の生態系を壊してしまう場合もあるよ。気候変動は一部の生き物を絶滅させるだけではなく、地球の生態系全体に影響をあたえるんだ。

2019〜2020年にはオーストラリアの南東部で大規模な山火事が起こって、ぼくたちコアラをはじめ、約30億ひきの野生生物が被害を受けたんだ！

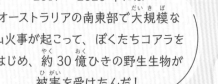

どうして？
災害にあいやすくなる

気候変動の影響で洪水（→ P.34）や干ばつ（→ P.36）、山火事などの災害が増えれば、生き物もすみかや食べ物がなくなる、命を失うなど、大きな被害を受ける。このうちたき火や落雷などが原因で森林が燃える山火事は、気温の上昇や乾燥によって燃える面積がいまより広くなるため、そこにくらす生き物への被害が心配されているよ。

気候の変化や災害の増加で
絶滅の危機にさらされる生き物が増える

気温の変化についていけない、災害の被害にあうなど、気候変動が原因で絶滅するかもしれない野生の生き物は、現在、約6000種。気温が上がれば、その数はさらに増えるといわれているよ。

地球上には数千万種ともいわれる生き物がいる。1種・1頭ごとに異なる個性や特徴をもち、さまざまな環境で、ほかの生き物とかかわり合いながら生きている。これを生物多様性というよ。地球温暖化によって生き物の種や数が減れば、生物多様性も、わたしたち人間が得ていた自然からのめぐみも失われることになるんだ。

*国際自然保護連合のレッドリストより（2022年7月現在）。

予測▶ 気温が上がるほど絶滅のおそれが高まる

地球上の生き物のうち、絶滅のおそれがあるかどうか調査された生き物は約14万8000種。生物の種類によって異なるけれど、気温が上がるほど絶滅のおそれは高まるよ。最大ですべての生き物の半分の種が絶滅するという研究もあるんだ。

*国際自然保護連合のレッドリストより（2022年7月現在）。

● 気候変動の影響で絶滅が心配される生き物 * の割合

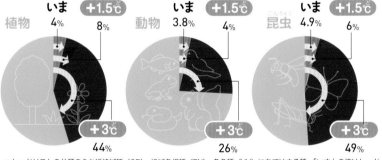

植物	いま 4%	+1.5℃ 8%	+3℃ 44%
動物	いま 3.8%	+1.5℃ 4%	+3℃ 26%
昆虫	いま 4.9%	+1.5℃ 6%	+3℃ 49%

*レッドリストの分類のうち近絶滅種（CR）、絶滅危惧種（EN）、危急種（VU）にあてはまる種。「いま」の値はレッドリスト（2022年時点）をもとに作成。「＋1.5℃」と「＋3℃」はIPCC Sixth Assessment Report WG 2より。

こんな影響▶ 自然の豊かさが失われる

人間は木から家や道具をつくる、動物を食料や衣服にするなど、多くの生き物とかかわりながら生活し、文化を築いてきた。生き物がいなくなるということは、わたしたちのくらしの豊かさや、文化も失われるということなんだ。

日本では…

ニホンライチョウが絶滅!?

ニホンライチョウやブナの木、高山植物など、すずしい地域に生息する生き物は減ったり、絶滅したりするかもしれないんだ。反対にシカやイノシシはあたたかくなって生息地が広がり、農作物を荒らすなどの被害が増えているよ。

▶ニホンライチョウは本州の高山に生息する鳥。このまま温暖化が進めば、えさの高山植物が減るなどの理由で、21世紀末にほとんど生息地がなくなると予測されている。

撮影：堀田昌伸

生き物の絶滅の原因は、町や畑を広げるために森林を切りひらく、食べたり毛皮を取ったりするために狩りや漁をするといった人間の活動だよ。そして気候変動によって、さらに絶滅のおそれが増したんだ。絶滅しそうになった生き物を保護することも大切だけど、人間は自分たちのくらしかたを見直す必要があるよね!?

海の生き物があぶないってほんと？

石垣島と西表島のあいだに広がる日本最大のサンゴ礁・石西礁湖。環境省が2022年10月、平均92.8%のサンゴが白化していると発表した。

写真提供：環境省 国際サンゴ礁研究・モニタリングセンター

どうして？ 海の水温が上がるから

地球温暖化で気温が上がるとともに、海の水温も上がっているよ。海は陸上よりも昼夜や季節による温度の変化が小さいので、水温の変化についていけない生き物も多いと考えられているんだ。

暑すぎてここではくらせない。北の海へ行こう！

海洋酸性化
→ P.46

CO_2 CO_2 CO_2 CO_2 CO_2

どうして？ 海の酸素が減るから

酸素は生き物の呼吸にかかせない（→ P.14）。水温が高いほど、海水にとける酸素の量は少なくなる。また、酸素をたくさんふくんだ海面の水が、より深い海の水と混ざりにくくなるため、深い海に酸素が行きわたらなくなるんだ。生き物の成長や出産をさまたげ、病気や死ぬ生き物が増えると予測されているよ。

海の食べる・食べられる関係

海では、植物プランクトンが光合成（→P.15）でつくった栄養が、食べる・食べられる関係を通じて生き物の命をささえている。海は地球の表面の約7割をしめ、東西南北に広く移動しながらくらす生き物もいれば、水深数千kmの深い海にくらす生き物もいる。なので、食べる・食べられるをはじめとしたほかの生き物との関係も、陸より複雑だとされているよ。

植物プランクトン
太陽の光と海の水、CO_2を使って光合成をして、栄養をつくり出す。

海藻
太陽の光と海の水、CO_2を使って光合成をして、栄養をつくり出す。

光合成

動物プランクトン
植物プランクトンを食べる。

光合成

こんな影響 プランクトンが減る

植物プランクトンは、海面に近い海にくらしているよ。地球温暖化によって海面と深い海の水が混ざりにくくなると、深い海からの栄養の豊富な水が海面にとどかなくなり、植物プランクトンが育ちにくくなるんだ。また、海洋酸性化によって体をつくれなくなるプランクトンも多くなるようだよ。

大きな魚
プランクトンや小さな魚を食べる。

小さな魚
プランクトンや海藻を食べる。

微生物

プランクトンが少なくなって、おなかがぺこぺこだよ！

小さな魚

微生物

死んだ魚やフン
微生物に分解され、植物プランクトンや海藻の栄養となる。

40

水温の上昇や海の酸性化で海の豊かさが失われる

大気中の二酸化炭素（CO₂）が増えたことで、海の生き物に大きな影響をあたえる3つの変化が起こっているよ。地球温暖化によって海の水温が上がる、海水にふくまれる酸素が減るという2つに加えて、大気中のCO₂を海がいままでより吸収することで、海水の性質が変わる海洋酸性化が進んでいるんだ。

これらの影響は大きく、変化にあわせて移動したり、増えたりする生き物がいる一方、減ったり、絶滅したりする生き物も多いと考えられている。とくに、多くの生き物のくらしをささえるプランクトンやサンゴ、海藻などが減れば、海の生態系や生物多様性（→ P.39）が失われると心配されているよ。

こんな影響 体をつくれなくなる生き物がいる

海洋酸性化が進むと、サンゴや貝、カニなどの甲殻類、プランクトンなどの体をつくるために必要な炭酸カルシウムという物質が減る。これらの生き物の数が減ったり、絶滅したりすることが心配されているよ。(→ P.46)

> わたしたちみたいに、水温が上がったからってすぐには移動できない生き物もたくさんいるんだよ！

こんな影響 生き物がすみかや行動を変える

住む場所や、出産や回遊（成長の段階や季節などにより、生息地を移動する行動）する場所を変える生き物が出てくるよ。

> サンゴは浅くてあたたかい海にくらす動物だよ。体に藻の一種を住まわせて、藻が光合成でつくる栄養をもらって生きている。海底にサンゴがたくさん集まっている場所はサンゴ礁とよばれ、多くの生き物のすみかや産卵場所となっているんだ。

こんな影響 サンゴとサンゴにくらす生き物が減る

水温が上がると、サンゴに住む藻の数が減る。藻がいなくなり、骨格がすけて見える「白化」が長く続けば、サンゴは死んでしまうんだ。海洋酸性化が水温の低い北の海から進むので、北に移動することもできない。すでに世界のあちこちでサンゴの白化が起こっているよ。サンゴがいなくなれば、サンゴにたよってくらす生き物の数も減るとされているんだ。

+2℃：サンゴの99%以上が死ぬ

+4℃：サンゴにくらす生き物が40%減少

食べ物が足りなくなるの？

どうして？

災害の被害が増える

気候変動の影響で洪水や台風、干ばつなどの災害が増えると、農地が水につかる、水不足が起こるなど、農作物を育てられなくなる、収穫量や栄養価が下がるなどの被害も大きくなるよ。

アフガニスタン北部のバルフ州で、干ばつにより干上がった農地を見つめる男性。アフガニスタンでは、2021年に過去27年で最悪とされる干ばつが発生し、32万人以上が深刻な飢餓（十分に食べられず健康的な生活を送れないこと）に苦しむことになった。

写真：国際NGOセーブ・ザ・チルドレンが食糧支援をおこなっているアフガニスタンのバルフ州。
©Aashiqullah Mandozai / Save the Children

予測 ▶ 漁獲量が減る

海の水温が上がり、酸性化が進む（→P.46）ことで、海の生き物の数や生息地は大きく変わるとされている。魚がとれる漁場や、養殖できる魚が変わったり、減ったりして、世界全体の漁獲量は減るとされているよ。

将来、いまの4分の3しか魚がとれなくなるかもしれないんだ。漁師を続けていけるかな……。

世界の漁獲量

いま

+2℃ → 最大6%減少　とすると…

+4℃ → 最大24%減少

日本では…

産地や漁場が北へ移動する

コメをはじめとした農作物や、魚介類のよくとれる場所が北へ移動していくと考えられているよ。コメは暑さでうまく育たず、味が悪くなってしまうことが心配されているんだ。また、スルメイカやサンマ、サケなどの漁獲量は減る一方、ブリやサワラなどの漁獲量は増えているんだって。

また、日本の食料自給率は38%（2021年度、カロリーで計算した場合）と、外国からたくさんの食料を輸入している。小麦や大豆は、ほとんどが輸入だよ。世界的に収穫量が減ったら、日本に入ってくる食料も減るかもしれないんだ。

出典：農林水産省「気候変動の影響への適応に向けた将来展望」

予測 ▶ りんごは西日本では栽培しづらくなる

りんごの栽培に適した地域の変化の予測

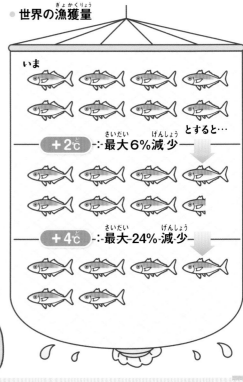

いま（1981-2000年）　　+4℃（2046-2055年）

□ 栽培にあった地域
▨ 栽培するには寒すぎる地域
■ 栽培するには暑すぎる地域

作物の収穫量の変化や漁獲量の減少によって食べ物が安定して手に入りにくくなる

地球温暖化が進んで気候が変わると、育てられる作物やとれる魚が変わったり、減ったりして、農業や漁業がいままでのようにできなくなる。洪水や干ばつの被害も増えるよ。世界全体では、作物の収穫量や漁獲量が減るかもしれないんだ。

いまもアジアやアフリカを中心に、世界で約8億人＊が飢餓に苦しんでいる。人口も増えるなか、食料の生産量が減り、価格が上がれば、いまより多くの人が食糧不足に苦しむことになるよ。

＊ FAO, IFAD, Unicef, WFP and WHO " The State of Food Security and Nutrition in the World (SOFI) Report – 2022"

予測 気温が上がるほど飢餓に苦しむ人が増える

● 2050年に飢餓に苦しむ可能性のある人

＋1.5℃：800万人増加

＋4℃：8000万人増加

> このうち約80％がアジア・アフリカにくらす人びとだよ。そもそも世界全体では、世界中の人たちの食事をまかなえる量の食料が生産されているんだって。どうしてみんなに行きわたらないんだろう？

こんな影響 発展途上国で栄養不足が悪化する

地球温暖化によって起こる食糧不足の影響をとくに受けるのは、アフリカ中部から南部、南アジア、中央アメリカだとされているよ。これらの地域では、いまも貧困や争い、災害などによって食料が手に入らず、栄養不足で多くの人が命を落としているんだ。

予測 畜産物の生産量が減る

気温が上がるなどの気候の変化で、家畜を育てられない地域が増えるとされているよ。また、暑さで家畜がえさをたべなくなり、牛乳やたまごなどのとれる量が減ってしまうかもしれない。

こんな影響 食べ物が安定して手に入らなくなる

作物の生産地が受けた災害などの被害は、世界全体に影響をあたえるよ。たとえば小麦の輸出がさかんな国が大きな洪水にあったら、売りに出される小麦の量が減り、価格が高くなって、世界全体で小麦不足が起こる。代わりとなるほかの作物も高くなり、手に入りづらくなるかもしれないね。

予測 作物のとれる量や場所が変わる

農作物は、気温や雨の降りかたなど、よく育つ条件がそれぞれ異なる。だから地球温暖化が進んで気候が変わると、いままでその地域で育っていた作物が育たなくなったり、いままで育たなかった作物が育つようになったりするんだ。

> どうしよう、作物がぜんぜん育たない。なにを食べればいいの……。

● 21世紀末の作物の収穫量

	小麦	大豆	とうもろこし	米
＋2℃	＋8.8%	＋2%	－ 6.4%	＋3.4
＋4℃	＋17.5%	－ 2.1%	－ 24.1%	＋1.7%

> 前よりたくさん収穫できるようになったよ！

出典：Jägermeyr, J., Müller, C., Ruane, A.C. et al. Climate impacts on global agriculture emerge earlier in new generation of climate and crop models（2021）

人の健康や安全はどうなるの？

2022年に起こったパキスタンでの大洪水により、浸水したまち。2022年6月以降、パキスタンでは例年の10倍以上の大雨が降ったこと、暑さで氷河がとけたことにより洪水が起こり、国土の約3分の1が浸水した。国民のおよそ6人に1人が被害を受け、多くの人が家を失ったり、感染症にかかったり、仕事を失ったりした。

写真：パキスタン赤新月社のスタッフによる被災地での捜索・救助活動のようす。©PRCS/日本赤十字社提供

こんな影響　病気や栄養不足でなくなる人が増える

世界には貧困や地域での争いなどが原因で、きれいな水や食べ物、薬、病気をふせぐ正しい知識を得られない人びとがたくさんいる。そのためマラリアなどの感染症やげり、栄養不足などが、多くの人の命をうばっているんだ。地球温暖化によって異常気象が増えたり、貧困や争いが悪化したりすれば、さらに多くの人がなくなるかもしれない。また、日本やヨーロッパなどの先進国でも、暑さによってなくなる人は増えるといわれているよ。

予測　気候変動が進めば、病気などでなくなる人がいまより増える

● 2050年代に気候変動が原因で増える死者の数

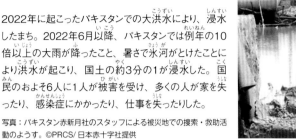

- デング熱
- げり
- マラリア
- 暑さ
- 栄養不足

ヨーロッパ
アフリカ北部・中東
東アジア
中央ラテンアメリカ・カリブ海諸国
北アメリカ
熱帯ラテンアメリカ
アンデスラテンアメリカ
南ラテンアメリカ
アフリカ西部
アフリカ中部
アフリカ南部
アフリカ東部
南アジア
中央アジア
東南アジア
アジア太平洋の高所得国
オセアニア

出典：World Health Organization "Quantitative risk assessment of the effects of climate change on selected causes of death, 2030s and 2050s" (2014)

マラリア や デング熱

3万2695人　　　282人

蚊にさされることで病気のもととなる虫やウイルスが体に入りこみ、うつる感染症。マラリアには毎年世界で数億人が感染し、数十万人がなくなっている。そのほとんどがアフリカの、5歳未満の子どもたちだよ。気温が高くなると、蚊の寿命がのびるとともに生息地が北へ広がり、感染者が増えるとされているんだ。

国立感染症研究所「東北地方におけるヒトスジシマカの北限の推移（2018年）」(IASR Vol. 41 p92-93: 2020年6月号）をもとに作成

観測　日本でデング熱をうつす蚊の生息地が広がった

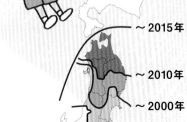

1950年ごろまで、デング熱をうつすヒトスジシマカは東北地方にはいなかった。ところが気温が上がったことで、2015年には青森県まで生息地が広がったんだ。

- 〜 2015年
- 〜 2010年
- 〜 2000年
- 〜 1950年

暑さ　9万4621人

気温が高くなると、熱中症でなくなる人が増えるとされている。とくに、体温を調節するはたらきが弱まり、暑さやのどのかわきを感じにくくなる高齢者の被害が心配されているよ。

げり　3万2955人

げりは、5歳未満の子どもがなくなるおもな原因のひとつだよ。きたない水を飲んでげりをおこし、水や栄養を体にとどめておけなくなるんだ。干ばつ（→P.36）や洪水（→P.34）できれいな水が手に入りづらくなれば、げりで命をおとす子どもも増えるかもしれない。

栄養不足　8万4697人

気候変動によって食べ物の収穫量や栄養が減ったり、食べ物の値段が高くなったりする（→P.43）と、十分な食事がとれない人が出てくるよ。

病気になる人や災害の被害を受ける人が増え
多くの人の命やくらしがおびやかされる

異常気象によって病気や栄養不足になる人が増え、なくなる人も増えると考えられているよ。死者が増えるのは、おもにアフリカや南アジアなど、いまも病気や栄養不足で多くの人がなくなっている地域なんだ。

洪水や台風、干ばつなど、災害で命を失ったり、移住したりする人も増えるとされている。気候による災害が原因で移り住む人は気候難民とよばれ、2021年の時点で約2230万人いるよ。争いや暴力が原因で移住する人（約1440万人）より多く、2050年には2億人以上に増えると予測されているんだ＊。

＊ Internal Displacement Monitoring Centre "Global Internal Displacement Database"（ https://www.internal-displacement.org/database ）より

こんな影響 災害で人の命やくらしの基盤がうばわれる

災害は人の命や、住まいや仕事、電気や水などのくらしにかかせないものをうばうよ。防災や復興のための資金が十分にない発展途上国から、ヨーロッパなどの先進国へ移住する人も多い。被害を受けた地域から移り住む人が多いと、地域の人びとのつながりや文化も失われてしまうかもしれないね。また、くらしや仕事などをめぐる移住先の人たちとの対立が問題になっているよ。

観測 台風や干ばつが原因で多くの人がなくなっている

自然災害が原因でなくなった人の割合（1970-2019年）

異常気温 9%
地すべり 2%
洪水 16%
台風・ハリケーン 39%
干ばつ 34%

出典：World Meteorological Organization "WMO Atlas of Mortality and Economic Losses from Weather, Climate and Water Extremes (1970–2019)" (2021) Distribution of number of disasters by hazard type by decade globally

観測 洪水や台風が原因で多くの人が移り住んでいる

自然災害が原因で移住した人の割合（2008-2021年）

気象災害その他 0.7%
地質災害その他 0.7%
干ばつ 0.8%
森林火災 1.1%
地震 10%
洪水 48.5%
台風・ハリケーン 38.2%

出典：Internal Displacement Monitoring Centre "Disaster events 2008-2021 (internal displacement) per hazard type" (2021)

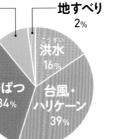

これから、どうやって生きていけばいいんだろう……。

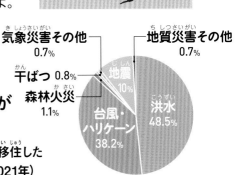
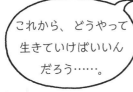
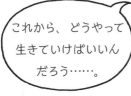
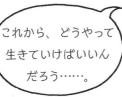

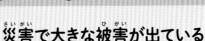

日本では…

病気や災害の被害が増える

日本は世界的にも災害の多い国で、これまでも大雨や台風によって大きな被害を受けてきた。また、マラリアやデング熱は、日本でも感染者が出ているよ。地球温暖化が進めば、これらの熱中症や感染症、災害の被害は、日本でも増えると予測されているよ。

出典：内閣府ホームページ「防災情報のページ」より

観測 災害で大きな被害が出ている

・近年日本で起こった災害の被害

災害名	平成30年7月豪雨	令和元年東日本台風
年	2018年	2019年
死者・行方不明者	245人	107人
最大避難者数	約2万8000人	23万7000人以上
家屋への被害＊全半壊と浸水被害の合計	約4万6000棟	約6万4000棟
被害総額	約1兆1580億円	約1兆8800億円

もっと知りたい！このコトバ
～海洋酸性化～

海は二酸化炭素（CO₂）を大気から吸収したり、大気に出したりしている。大気中のCO₂が増えたことで海が吸収するCO₂の量も増え、海洋酸性化とよばれる海水の性質の変化が起こっているんだ。

海水の性質がアルカリ性から酸性のほうに近づく

水溶液は、水素イオンという物質の濃度（どれくらいふくまれているか）によって、酸性とアルカリ性に分けられる。これを水素イオン濃度というよ。海水は水素イオン濃度が比較的低い、弱いアルカリ性なんだ。ところが、たくさんのCO₂を吸収したことで水素イオンが増え、酸性のほうに近づいている。これを海洋酸性化というよ。

サンゴや貝の体をつくる炭酸カルシウムができにくくなる

サンゴや貝、カニなどの甲殻類、一部のプランクトンなどは、体をつくるために炭酸カルシウムという物質が必要なんだ。炭酸カルシウムは、水にふくまれるカルシウムイオンと、海水にとけたCO₂から発生する炭酸イオンという2つの物質が結びついてできる。ところが海洋酸性化が進んで海水にふくまれる水素イオンが増えると、炭酸イオンがうすめられて減ってしまい、炭酸カルシウムができにくくなってしまうんだ。

pH（水素イオン指数）

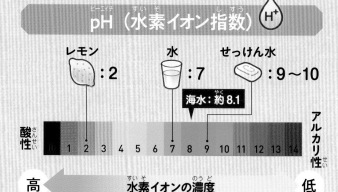

レモン :2　　水 :7　　せっけん水 :9～10

海水：約8.1

酸性　　　　　　　　　　　　　　　　　　　アルカリ性

0 1 2 3 4 5 6 7 8 9 10 11 12 13 14

高　←　水素イオンの濃度　→　低

pHは、水素イオン濃度を0～14の数字であらわしたもの。pHが小さいほど水素イオンの濃度は高い。真ん中の7を中性として、7より小さいほど酸性、大きいほどアルカリ性の性質をもつ。

サンゴや貝の体をつくる炭酸カルシウム

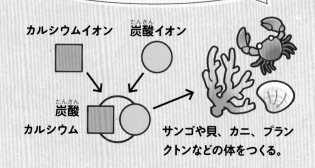

CO₂は水温が低いほどとけこみやすいので、酸性化は冷たい北極や南極の海から進んでいるよ。だからサンゴが北の海へ移動しようとしても、できないんだね。(→ P.41)

カルシウムイオン　炭酸イオン

炭酸カルシウム

サンゴや貝、カニ、プランクトンなどの体をつくる。

海洋酸性化

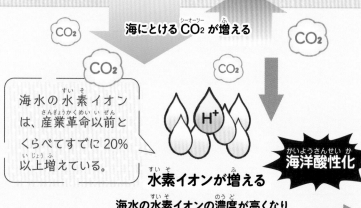

海にとけるCO₂が増える

海水の水素イオンは、産業革命以前とくらべてすでに20%以上増えている。

水素イオンが増える
海水の水素イオンの濃度が高くなり、中性に近づく。

海洋酸性化

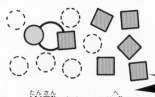

炭酸イオンが減る
カルシウムイオンと結びついて、炭酸カルシウムをつくれなくなる。

サンゴなどが体をつくれなくなる

46

さくいん

この本に出てくる重要なことばを五十音順にならべ、
そのことばについてくわしく説明しているページや巻をしめしています。

監修

藤野純一（ふじの じゅんいち）

公益財団法人地球環境戦略研究機関
サステイナビリティ統合センター プログラムディレクター

1972年生まれ、大阪・吹田で育ち、兵庫・西宮で学ぶ。東京大学入学後、修士・博士に進み、2100年の世界を対象としたエネルギーシステム分析で工学博士を取得。国立環境研究所では、主に日本の中長期温暖化対策ロードマップ策定に貢献。地球環境戦略研究機関（IGES）では、特に地域視点のサステイナビリティ実現に向けて国内外の現場を行き来している。

参考文献

IPCC第6次報告書／「1.5°Cライフスタイル ― 脱炭素型の暮らしを実現する選択肢 ― 日本語要約版」（地球環境戦略研究機関）／「家庭の省エネハンドブック2022」（東京都）／『再生可能エネルギーをもっと知ろう』（岩崎書店）／「脱炭素型ライフスタイルの選択肢　カーボンフットプリントと削減効果データブック」（国立環境研究所・地球環境戦略研究機関、https://lifestyle.nies.go.jp/html/databook.html）／『はかって、へらそうCO2 1.5℃大作戦』（さ・え・ら書房）／『やさしく解説　地球温暖化』（岩崎書店）　ほか

指導	由井薗健（筑波大学附属小学校）
装丁・本文デザイン・DTP	Zapp!
イラスト	佐藤真理子、セキサトコ
校正	有限会社一梓堂
編集・制作	株式会社童夢
執筆協力	野口和恵
写真・画像提供	Aashiqullah Mandozai / Save the Children、一般社団法人日本キリバス協会、株式会社商船三井、環境省　国際サンゴ礁研究・モニタリングセンター、球磨川水害伝承記（国土交通省）、WFP/Michael Tewelde、WFP/Ryan Matias、長野県環境部自然保護課、PRCS/日本赤十字社、北國新聞社、堀田昌伸、Watchara Phomicinda/Orange County Register via ZUMA Wire/ 共同通信イメージズ
表紙写真提供	Alexey Seafarer / PIXTA［シロクマの親子］、Somchai / PIXTA［タイの干ばつ］、murapon / PIXTA［沖縄 波照間島のサンゴ礁］
写真協力	共同通信社、PIXTA

知りたい！ カーボンニュートラル　脱炭素社会のためにできること①
ここまできている！ 地球温暖化

2023年4月1日　初版発行

監　修	藤野純一
発行者	岡本光晴
発行所	株式会社あかね書房
	〒101-0065　東京都千代田区西神田3−2−1
	電話 03-3263-0641（営業）　03-3263-0644（編集）
印刷所	図書印刷株式会社
製本所	株式会社難波製本

ISBN978-4-251-06737-1

NDC519
藤野純一
知りたい！　カーボンニュートラル
脱炭素社会のためにできること①
ここまできている！地球温暖化
あかね書房 2023年 47p 31cm×22cm

1巻「ここまできている！ 地球温暖化」 内容チェッククイズ

Q1 地球では、今まで何度も気温が上がったり下がったりしてきた。○か×か？
▶▶ 正解は……P.9 を見てね！

Q2 地球の平均気温が上がっているのは、○○効果ガスが増えているから！ ○○に入るのはどれ？
①温泉 ②温室 ③教室
▶▶ 正解は……P.11 を見てね！

Q3 植物や藻は光合成で酸素を取り入れ、二酸化炭素を排出する。○か×か？
▶▶ 正解は……P.15 を見てね！

Q4 火力発電などに使われる化石燃料は、化石の一種。○か×か？
▶▶ 正解は……P.16 を見てね！

Q5 プラスチック製品の原料となるのはどっち？
A. 石油　B. 石炭
▶▶ 正解は……P.17 を見てね！

Q6 産業革命が最初に起こったのは、どこの国？
①アメリカ合衆国 ②イギリス ③日本
▶▶ 正解は……P.18 を見てね！

Q7 めったに起こることのない気象のことを○○気象という。○○に入るのはどれ？ ①特別 ②暗黒 ③異常
▶▶ 正解は……P.25 を見てね！

Q8 2022 年現在、気候変動が原因で絶滅する可能性がある野生の生き物は約 6000 種。○か×か？
▶▶ 正解は……P.39 を見てね！

Q9 地球温暖化が進むと、感染者が増えると考えられているマラリアやデング熱。人にうつる原因はどっち？
A. 犬にかまれる B. 蚊にさされる
▶▶ 正解は……P.44 を見てね！

Q10 気候変動が原因で難民となる人は、争いや暴力が原因で難民となる人より多い（2021年時点）。○か×か？
▶▶ 正解は……P.45 を見てね！